NOA
y los
MOCOS

MAR LÓPEZ

Ilustraciones de Sr. Sánchez

Beascoa

Papel certificado por el Forest Stewardship Council®

Primera edición: noviembre de 2021

© 2021, Mar López Sureda, por el texto
© 2021, Penguin Random House Grupo Editorial, S. A. U.
Travessera de Gràcia, 47-49. 08021 Barcelona
© 2021, Sr. Sánchez, por las ilustraciones

Printed in Spain – Impreso en España

ISBN: 978-84-488-5872-8
Depósito legal: B-12.973-2021

Compuesto por Araceli Ramos
Impreso en Gráficas 94, S. L.
Sant Quirze del Vallès (Barcelona)

BE 5 8 7 2 8

¡Hola!
Soy Mar López,
pediatra.
Y ella es Noa.

Juntas vamos a descubrir de dónde vienen los resfriados, cómo se curan y qué hacer con los mocos que nos salen cuando cogemos un catarro.

Si al acabar el libro seguís teniendo preguntas, no dudéis en enviarme un mensaje por Instagram:

@marlopez_pediatra

¿PREPARADOS PARA LA AVENTURA?

Para Noa hoy es el mejor día del año… **¡El primer día de cole después del verano!**

Es genial volver a ver a sus amigos, **¡los echaba mucho de menos!**

Sobre todo a Lucía, su mejor amiga del mundo mundial.

Noa y Lucía se abrazan.

–¿Qué has hecho este verano, Lucía? –le pregunta Noa.

–¡He estado en la playa! Un día hice un castillo de arena gigante, también nadé y vi un montón de peces.

–Pues yo he ido al pueblo y he comido la tortilla de patata de mi abuela –dice Noa.

–Pues yo hice un a… Un a… –responde Lucía, poniendo una cara muy divertida.

–**¿Una qué?** –preguntan todos sus amigos.

–**Un a… ¡Un… aaa…! ¡A…! ¡Achús!**

¡PUAJ! ¡Ha sido un estornudo gigante!

¡Hay mocos por todas partes!

¡ATCHUÁÁÁ!

¡Cuidado, es el monstruo del moco verde!

Al terminar el día, el papá de Noa va a recogerla al cole. Noa le cuenta lo que ha pasado en el patio:

–¡Lucía nos ha llenado a todos de mocos! Se me ha quedado el pelo de color verde. Y luego, un niño se ha comido seis yogures seguidos para merendar.

–¡Anda! –dice su papá–. **¡Normal que te guste el primer día de colegio! ¡Has vivido muchas aventuras!**

HA SIDO UN DÍA FANTÁSTICO...

... y mañana lo será aún más.

Al día siguiente, Noa se despierta tiritando. Le duelen la cabeza y la garganta, está de mal humor, y tiene frío y calor a la vez.

También nota algo raro en la cara. **¿Qué es eso que tiene colgando de la nariz?**

¡OH, NO! ES UN MOCO VERDE Y GIGANTE, ¡COMO EL DE LUCÍA!

–**¡Vaya moco más enorme!** –dice su mamá–. Voy a ponerte el termómetro. Igual has cogido un resfriado.

–**¡Verde, verde!** –grita Olivia, la hermana pequeña de Noa.

Noa mira el termómetro y lee los números: **¡treinta y ocho y medio!**
Eso significa que tiene fiebre.

–¿N-n-no p-p-puedo i-i-ir al c-c-colegio? –dice Noa tiritando de frío.

–No, cariño. Hoy vamos a tener que ir al médico –le contesta su mamá.

¡Menudo rollo! Su amiga Lucía le ha contado que la consulta del médico es un sitio terrorífico, lleno de jeringuillas, y que los médicos son señores muy cascarrabias con pelos en las orejas.

–Vamos al médico para que nos ayude a curarnos –añade su mamá.

–Vaaaale…

Noa no quiere ir al médico, pero tampoco quiere seguir teniendo mocos.

¡Puaj, qué asco dan los mocos!

–¡Puaj, puaj! –dice Olivia.

Cuando Noa llega a la consulta de la doctora Mar, se lleva una gran sorpresa. ¡No hay ni una jeringuilla a la vista! Y a la doctora no le salen pelos de las orejas. Lleva una bata chulísima de puntitos con colores, y parece muy amable y cariñosa.

–¡Hola, Noa! Soy Mar, tu pediatra. ¿Cómo te encuentras?

Noa salta para sentarse en la camilla, **¡hop!**, y le explica a la doctora Mar lo que le pasa.

Le duele la cabeza y la garganta. También tiene fiebre y... **¡un moco gigante colgando de la nariz!**

–Muy bien, Noa. Ahora voy a hacerte una exploración para ver si el resto de tu cuerpo funciona bien.

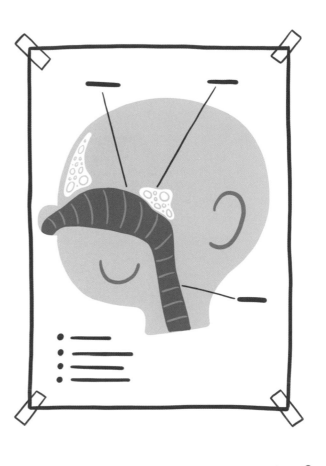

¿Una exploración? ¡Eso suena fatal! Noa no está muy convencida, pero la doctora Mar se lo explica enseguida. Las exploraciones no duelen nada.

Hay que quitarse la camiseta, como cuando vas a la piscina.

¡BRAZOS ARRIBA!

Te escuchan el corazón con un fonendo, que está un poco frío, pero tiene una forma muy divertida.

Te miran el oído con una linterna especial como si buscasen hormigas.

4

Te hacen decir **«AAAAA»** con la boca bien abierta.

5

Y te tocan la garganta y la barriga.
¡Ay, hace cosquillas!

¡PUES TAMPOCO ES PARA TANTO!

–Parece que Noa tiene un resfriado –dice la doctora Mar–. ¡Lo demás está perfecto!

–¿Perfecto? –dice Noa–. **¡Pero si tengo un montón de mocos saliéndome por la nariz...!**

La doctora Mar se ríe y Noa se enfada un poco. ¿No son los mocos los que han hecho que Noa esté enferma?

–**Los mocos no son malos** –dice la doctora–. **Al revés, nos ayudan a protegernos de los virus y de las bacterias que quieren entrar en nuestro cuerpo.**

Noa no lo entiende. Entonces... **¿los mocos son buenos?**

–¡Te lo voy a enseñar! –dice la doctora Mar–. ¿Me acompañas?

¿Acompañarla? ¿A dónde?

De repente, la doctora Mar coge aire y salta hacia el póster de la pared como si se tirara a una piscina.

¡PUF! ¡HA ATRAVESADO LA PARED!

Noa se queda con la boca abierta, pero rápidamente salta detrás de ella. A Noa le encantan las aventuras. ¡Y no se imaginaba que ir al médico fuese tan divertido!

–¡Mamá, papá, vuelvo enseguida! –grita Noa mientras atraviesa el póster.

Noa aterriza de culo en un suelo muy blandito. Blandito y... ¡lleno de pelos!
Y de los pelos cuelgan... ¡**mocos!**

¡Qué asco! ¿A dónde habrán ido a parar?

–**¡Bienvenida a la cavidad nasal!** –dice la doctora Mar.

–¿*Cuevidad* nasal? ¿Y eso qué es? –repite Noa, extrañada.

–Podría llamarse *cuevidad* nasal, pero es el interior de una nariz como la tuya, Noa.

–**¿Mi nariz está llena de pelos?** –pregunta Noa.

–**¡Claro! Como la de todo el mundo** –responde la doctora Mar–. **Son unos pelos especiales que se llaman cilios.** Ayudan a llevar a los mocos hacia el interior de la garganta para que nos los traguemos, o a sacarlos de la nariz cuando los mocos acaban su trabajo.

–¿Su trabajo? **¿Los mocos trabajan?**

–Sí, **siempre están muy ocupados expulsando todo tipo de cosas que nos entran por la nariz: polvo, polen, bacterias... o virus** –dice la doctora Mar.

Partículas de polvo atrapadas por mocos

Cilios

–Cuando tu amiga estornudó –continúa la doctora Mar–, **miles de virus** viajaron por el aire y llegaron a tu nariz, a tu boca y a tus ojos. Algunos virus se quedan en esos lugares, y otros prefieren viajar por el cuerpo e ir a la garganta o a los pulmones.

Cada virus elige un sitio distinto para crecer, multiplicarse y formar muchos más virus.

»El cuerpo activa alarmas para encontrar a esos virus y combatirlos, y los mocos son los primeros que nos defienden de ellos. Cuando el cuerpo se defiende, a veces nos encontramos mal.

–¿Por eso dices que los mocos no son malos?

–Claro, porque los mocos atrapan a los virus y luchan contra ellos para expulsarlos del cuerpo, pero no lo hacen solos. Las defensas siempre los ayudan.

–¿Las defensas? ¿Son sus amigas? –pregunta Noa.

¡Ay! Noa se choca con algo blando y escurridizo.

¡Un moco gigante transparente! Tiene cara de simpático, aunque sea un poco pegajoso.

–**¡Anda, este moco no es verde!** –dice Noa.

–**Es el señor Moco, y no es verde porque aún no ha encontrado a ningún virus** –responde la doctora Mar–. En realidad, **son las defensas las que hacen que los mocos, a veces, sean verdes**. ¡Mira, ahí están!

De dentro del señor Moco salen unas pequeñas criaturas vestidas con ropa del espacio.

EL SEÑOR MOCO
Superpegajoso para que los virus no puedan escaparse una vez capturados.
El cuerpo puede fabricar hasta un kilo de mocos al día. ¡Eso son muchísimos mocos!
¡Hola, somos las DEFENSAS! Nosotras somos las que nos encargamos de atrapar a los virus cuando entran en nuestro cuerpo. ¡Estos virus siempre están haciendo de las suyas!

–¿Vivís dentro del señor Moco? –pregunta Noa.

–Nosotras sí, pero las defensas estamos por todo el cuerpo. Algunas viven en la sangre, otras en los ganglios... Nosotras estamos en el señor Moco porque, si atrapa a algún virus, podemos capturarlo y expulsarlo del cuerpo mucho más rápido.

–**También nos encargamos de identificar a los virus** –dice la otra defensa–. A veces se disfrazan para pasar desapercibidos. Tienen muchas formas y colores distintos, pero a nosotras no se nos escapa ni uno.

Las defensas despliegan en la pared de la nariz un póster con muchíííísimos tipos de virus.

–**Este es el virus de Noa, ¡EL RINOVIRUS!** –dice una de las defensas–. **Da dolor de cabeza, de garganta y un poco de fiebre. Por eso estás de mal humor.** ¡Lo tenemos identificado!

¡Yuju! Ahora, expulsar al virus del cuerpo será mucho más fácil.

Pero de repente...

¿ENCUENTRAS AL VIRUS DE NOA?

RINOVIRUS
Dolor de cabeza, dolor de garganta, mocos, tos o fiebre.

VRS
Mocos, tos, fiebre, bronquiolitis o asma.

INFLUENZA (GRIPE)
Mucha fiebre, tos, dolor en todo el cuerpo o cansancio.

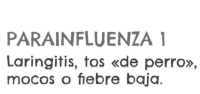

PARAINFLUENZA 1
Laringitis, tos «de perro», mocos o fiebre baja.

ADENOVIRUS
Fiebre, dolor de garganta u ojos rojos.

BOCAVIRUS
Tos, fiebre, mocos, diarrea o asma.

CORONAVIRUS SARS-CoV-2
(Enfermedad covid-19): fiebre, escalofríos, tos, mocos, diarrea, pérdida de olfato o del gusto, dificultad para respirar...

CORONAVIRUS OC43
Tos o mocos.

METAPNEUMOVIRUS
Tos, bronquiolitis o asma.

ENTEROVIRUS
Mocos, tos, asma o dolores en el cuerpo.

COXSACKIEVIRUS A16
Llagas en la boca, ampollas en las manos o en los pies, fiebre, mocos o dolor de tripa.

HERPES 6
Fiebre alta, rojeces en la piel, mocos, dolor de oído u ojos rojos.

No tenemos por qué presentar todos estos síntomas. Cada cuerpo responde a los virus de forma distinta: a veces no presentaremos ninguno, y otras veces **tendremos** síntomas que **no serán los habituales**. ¡Todos somos únicos!

¡Oh, no! ¡Una invasión de virus!

De repente, el señor Moco se hace aún más grande de lo que era y empieza a capturar a todos los virus con su cuerpo pegajoso.

Las defensas sacan sus turboláseres, apuntan a los virus y…
¡Anda, el líquido que disparan es verde!

–¡Es la mieloperoxidasa! –dice la doctora Mar.

–¿La mielo… qué? –dice Noa.

–Es una poción que desactiva a los virus. ¡Mira, se están quedando patitiesos!

–¡Necesitamos refuerzos! –grita una de las defensas.

–¡Tranquilas, ya se ha activado la alarma de inflamación! –responde la otra.

–¿La alarma de inflamación? –pregunta Noa.

–Cuando los virus nos atacan, la nariz se pone roja, ¿verdad? –dice la doctora Mar–. Pues eso es una señal para que otras defensas del cuerpo vayan allí donde están los virus y ayuden a expulsarlos.

¡ES UNA MANERA DE AVISARSE MUY EFICAZ!

¡LO HAN CONSEGUIDO!

El señor Moco ahora es de color verde porque ha ganado la batalla contra los virus.
¡HURRA!

–¡Felicidades, defensas! Y felicidades, señor Moco –dice la doctora Mar.

–Y ahora… **¿qué pasará con todos estos virus?** –dice Noa, señalando la barriga del señor Moco.

–Ahora solo queda sacarlos de la nariz.

–¿Cómo? –pregunta Noa.

–Hay que soplar muy muy fuerte por la nariz sobre un pañuelo y, **¡fiu!**, el señor Moco saldrá disparado, alejando a los virus del cuerpo.

Vaya. ¡Ahora que Noa había empezado a cogerle cariño al señor Moco...!

–¡Muchas gracias, señor Moco! –dice Noa mientras lo abraza–. Nunca más volveré a decir que los mocos son malos, **¡prometido!**

–¿Estás preparada entonces? –dice la doctora Mar–. Ya sabes, hay que coger mucho aire y soplar muy muy fuerte por la nariz sobre un pañuelo. ¡Y nada de meterse el dedo en la nariz!

–De acuerdo –dice Noa muy decidida.

¿Y tú, estás preparado? Coge un pañuelo, toma aire y sopla fuerte por la nariz. A la de tres:

UNA, DOS ¡Y TRES!

Noa sopla por la nariz con todas sus fuerzas y..., **¡puf!**, las dos salen disparadas por el póster de la pared de la consulta.

–**¡Ha sido un viaje increíble!** –grita Noa, que ha aterrizado delante de sus padres.

¡Ahora es toda una experta en virus y mocos!

–¿Un viaje a dónde? –pregunta su padre.

¡¡NO TAN FUERTE!!

De repente, Olivia suelta un estornudo enorme y le cae un moco gigante por la barbilla.

–¡Moco, moco! –dice Olivia mientras todos se ríen.

Pero Noa sabe que eso no es malo.

Con ese moco tan grande, ¡Olivia está más que protegida de los virus!

¡ATCHUÁÁÁ!

UN MAR DE DUDAS
EL RESFRIADO

¿QUÉ ES?

Cuando pensáis en un catarro, seguro que lo primero que se os viene a la cabeza son tos y mocos... Esos son los principales síntomas del catarro, pero voy a contaros algo más, empezando por su definición: es una infección de las vías respiratorias altas (nariz y garganta) y la causa casi siempre es un virus. También se le llama CVA, que significa «catarro de vías altas».

Sus síntomas suelen ser mucosidad, tos, estornudos, lagrimeo ocular, dolor de garganta o de cabeza, dolor muscular, malestar general, vómitos, diarrea leve, irritabilidad, dificultad para conciliar el sueño, disminución del apetito... A veces los niños también presentan fiebre, sobre todo los menores de 3 años.

Es la infección más frecuente en los niños y el motivo de consulta al pediatra más habitual.

Los CVA pueden ocurrir en cualquier época del año, pero son más frecuentes en otoño e invierno.

¿POR QUÉ SE PRODUCE?

Esta respuesta no os va a sorprender...

¡La culpa es de los virus! Más de... ¡¡200!! tipos diferentes de virus pueden causarlo. Los más frecuentes son los rinovirus.

Pero también lo causan los coronavirus, VRS (virus respiratorio sincitial), parainfluenza, adenovirus, influenza (gripe), metapneumovirus, bocavirus, enterovirus...

¿PUEDE TENER UNA INFECCIÓN CAUSADA POR DOS VIRUS O POR UN VIRUS Y UNA BACTERIA A LA VEZ?

Sí. A veces existen coinfecciones y detectamos una infección por dos virus distintos o por un virus y una bacteria.

¿DOS NIÑOS PUEDEN TENER EL MISMO VIRUS Y UNO ENCONTARSE MEJOR QUE EL OTRO?

¡Pues sí! Dos niños pueden tener una infección causada por un mismo virus, pero presentar síntomas distintos. También es posible que diferentes virus provoquen síntomas muy parecidos.

SI «COGE FRÍO» O ANDA DESCALZO, ¿SE RESFRIARÁ?

Seguro que habéis escuchado muchas veces: «Si andas descalzo, te resfriarás». Pero parece que no es muy acertada esta frase porque... el frío, por sí mismo, no causa infecciones. Las infecciones siempre nos las transmite alguna persona que esté contagiada.

PERO ¿ES MÁS PROBABLE QUE SE CONTAGIE SI HACE FRÍO?

Sí es cierto que durante el invierno los niños suelen padecer más resfriados. Esto es debido a varios motivos:

- Los virus sobreviven mejor a temperaturas más bajas.
- En verano muchos niños no van a la escuela o, si acuden a ella, suelen estar en espacios más abiertos (y es más probable contagiarse en un espacio cerrado).
- El frío puede producir una inflamación en la zona nasal (rinitis) que puede favorecer el contagio. Si nuestro hijo está en contacto con un niño enfermito justo cuando sufre esta rinitis, el cuerpo se defenderá peor y será más fácil que se contagie. (No nos confundamos; el frío no contagia; si no hubiera estado en contacto con otro niño enfermito, no se habría contagiado).

¿CÓMO SE CONTAGIA?

Un niño se puede contagiar al entrar en contacto con el virus a través de las secreciones de otro niño que está malito si:

- Inhala las gotitas de saliva que quedan en el aire cuando el otro estornuda o tose cerca.
- En los juguetes que comparten hay restos de moco o saliva (¡y a veces también de heces!).
- Toca la mano del otro niño y luego se la lleva a los ojos, la boca o la nariz.

También favorecen el contagio los ambientes con humo de tabaco, el aire contaminado en espacios cerrados, el contacto estrecho con otras personas o situaciones de estrés.

¿ES MALO QUE LOS MOCOS SEAN VERDES?

¿Cuántas veces hemos oído que hay que recetar antibiótico si los mocos son verdes? ¡Pues esto no es así! Al inicio del resfriado, el moco suele ser transparente. Después, poco a poco, se va volviendo amarillo y, finalmente, verdoso (¡esta es su evolución normal!). Así que el color verde NO indica sobreinfección ni necesidad de antibiótico. Este color es debido a una sustancia que liberan las defensas que contiene el moco.

SI NO SACO LOS MOCOS, ¿SE LE BAJARÁN AL PECHO?

Los mocos no suben o bajan. Son los virus que nos infectan los que tienen preferencia por infectar una zona más alta (la mucosa de la nariz) o más baja (la de los bronquios).

¿LA TOS ES MALA?

No. Tosemos como mecanismo de defensa, para expulsar el moco que hay en nuestras vías respiratorias y que no nos deja respirar bien. Si elimináramos la tos, existiría más retención de mucosidad, más dificultad para respirar y menos oxígeno en sangre. También habría más riesgo de otitis y de neumonía.

¿ES CIERTO QUE LA LECHE PRODUCE MOCOS?

Parece que esta frase que hemos oído tanto es... ¡FALSA!

Se creía que había una relación entre tomar leche y la cantidad de mocos porque los niños más pequeños, que son los que tienen más infecciones, son los que toman más leche.

Pero los estudios dicen que la leche no aumenta la producción de mucosidad nasal ni empeora la evolución del resfriado. Además muchos niños, cuando están enfermitos, no quieren comer, pero sí les apetece tomar leche, que es un alimento fundamental en su dieta.

¿CUÁNTO DURA EL RESFRIADO?

Los mocos, los estornudos y el dolor de garganta suelen durar aproximadamente entre... ¡¡¡7 y 14 días!!! Y la tos puede persistir durante... ¡¡¡2 y 3 semanas!!! Si llega a tener fiebre, esta no suele durar más de 3 días.

Como veis, un niño puede tener mocos o tos muchos días en invierno. Si a esto le sumamos que a veces vuelve a contagiarse por un nuevo virus antes de que la tos o los mocos hayan desaparecido, es posible que vuelva a tener otra vez mucho moco.

A veces es difícil diferenciar si se ha infectado con un nuevo virus o si el resfriado se ha complicado y necesita tratamiento.

¿CUÁNTOS RESFRIADOS SON NORMALES AL AÑO?

Los menores de 6 años tienen DE MEDIA entre... ¡¡¡6 y 10 catarros al año!!! Un alto porcentaje de ellos sufre un catarro al mes entre septiembre y abril.

Cuanto mayor es el niño, menos resfriados sufre al año (menos mal, hay esperanza).

A partir de los 5 o 6 años, el número desciende a una media de 3 a 5 resfriados al año.

¿ES NORMAL QUE SIEMPRE TENGA MOCOS?

Ahora que sabéis cuánto dura un resfriado y cuántos resfriados tienen al año...
Veamos durante cuánto tiempo suelen tener mocos.

Si tiene mocos durante 14 días por un catarro y este año se ha contagiado 10 veces...,

... ¡¡tendrá mocos 140 días!! ¡¡Y eso son 4 meses y medio!!

Además, eso ocurrirá sobre todo concentrado en el invierno
(así que puede tener mocos todos los días del invierno).

SI NO LE LLEVO A LA ESCUELA, ¿TENDRÁ MENOS INFECCIONES?

Parece que los que acuden a la escuela sufren más resfriados que los que son cuidados en casa. Pero siempre hay letra pequeña: no es lo mismo para un hijo único que para el pequeño de tres hermanos, que igualmente estará en contacto diario con otros niños que sí van a la escuela.

Los niños que nunca han ido a la escuela infantil suelen tener más infecciones cuando empiezan el cole con 3 años que los que sí han ido antes.

¿HAY QUE HACERLE ALGUNA PRUEBA?

Normalmente no. Lo más frecuente es que casi todos se curen solos sin tratamiento y sin necesidad de pruebas. A veces, si el pediatra sospecha que ha podido haber una sobreinfección por una bacteria, puede que necesite pedir alguna prueba, como una radiografía de tórax.

¿TIENE TRATAMIENTO?

Desgraciadamente, no hay fármacos efectivos contra el resfriado. El resfriado se cura solo, así que lo mejor siempre será que NO les demos a los peques ningún tratamiento, ya que puede producirles algún efecto secundario y ningún o muy muy poco beneficio.

ENTONCES ¿NO LE DOY UN MUCOLÍTICO?

No. No es recomendable que uséis medicamentos mucolíticos ni tampoco antitusivos, expectorantes, descongestivos nasales o antihistamínicos como tratamiento del catarro por sus posibles efectos secundarios (que pueden ser GRAVES) y su falta de efectividad, sobre todo en menores de 6 años, según demuestran los estudios.

¿MEJORA CON ANTIBIÓTICOS?

No. Como la causa más frecuente son los virus, el resfriado no mejora con tratamiento antibiótico, pues este solo es efectivo en infecciones bacterianas.

¿HAY ALGO NATURAL?

Algunos estudios arrojan resultados a favor de utilizar probióticos, inmunoglobulina intranasal, zinc y vitamina C para acortar la duración del catarro o prevenir su aparición, pero de momento no son concluyentes y no hay una recomendación oficial.

Muchas veces los jarabes naturales que están a la venta llevan abundantes cantidades de azúcar y no son eficaces.

¿QUÉ PUEDO HACER EN CASA?

Podéis intentar aliviar los síntomas del catarro, como por ejemplo:

EL MALESTAR (dolor de garganta, de cabeza…):

- Si el peque se encuentra mal, podéis administrar paracetamol o ibuprofeno en las dosis recomendadas por su pediatra. Estos fármacos alivian el dolor o la fiebre, pero no mejoran los síntomas como la tos o la mucosidad.

LOS MOCOS:

- Si no puede dormir y no se sabe sonar, haced un lavado nasal unos 10 minutos antes de dormir.
- A partir de los 2 años podéis semiincorporarle aproximadamente 30 grados para que duerma mejor.

LA FALTA DE APETITO:

- Nunca hay que forzarlos a comer.
- A veces no comen porque respiran mal, así que prueba a hacerle un lavado nasal 10 minutos antes de comer o pídele que se suene si ya sabe hacerlo.
- Si es un bebé y solo toma leche, ofrecédsela con frecuencia (puede que tome menos cantidad de leche, pero más a menudo).
- Si ya come, ofrecedle comidas que le gusten y líquidos (agua, leche, suero oral…) con frecuencia (pequeñas cantidades, más a menudo).

La Organización Mundial de la Salud recomienda también los «remedios tradicionales», como la toma de líquidos calientes (leche caliente) o el uso de miel (nunca en menores de 12 meses; después no es una solución muy saludable, pero, en los estudios realizados, sí que mejora la intensidad y frecuencia de la tos).

Evita también el humo del TABACO. Aunque fuméis fuera de casa, los irritantes del tabaco se quedan en la ropa, en la piel, en el pelo… y afectan a su mucosa respiratoria.

¿CUÁNDO DEBO CONSULTAR AL PEDIATRA?

- Si presenta dificultad para respirar.
- Si después de 48 horas de haber empezado el catarro, comienza a tener fiebre.
- Si la fiebre reaparece después de haber estado sin fiebre más de 24 horas.
- Si tiene dolor de oídos o supuración por estos.
- Si presenta tos o mocos durante más de 10 días.
- Si no come.

- Si no bebe.
- Si no hace pipí.
- Si está decaído, somnoliento o muy irritable.
- Si es un bebé menor de 3 meses, sobre todo si se acompaña de fiebre.
- Si tiene alguna enfermedad crónica como una cardiopatía, patología pulmonar, inmunodeficiencia, patología neurológica crónica, etc.

¿CUÁLES PUEDEN SER LAS COMPLICACIONES DEL RESFRIADO?

- Otitis media aguda.
- Sinusitis.
- Neumonía.

¿CUÁNDO PUEDE VOLVER A LA ESCUELA?

Es posible que el niño pequeño necesite ser cuidado unos días en casa sin acudir a la escuela, aunque no es así en el caso del niño mayor con catarro (si presenta un buen estado general, podrá seguir acudiendo al colegio).

Si habéis decidido que se quede unos días en casa, podrá volver a la escuela cuando no esté irritable y no tenga fiebre, dolor de oído, dificultad para respirar o algún síntoma que nos haga sospechar una complicación.

¿SE PUEDE PREVENIR EL RESFRIADO?

La medida más eficaz para prevenirlo es… ¡¡el lavado de manos!!

También se recomienda:

- Evitar tocarse la boca, nariz y ojos.
- Toser y estornudar en pañuelos desechables.
- La vacunación.

¿CUÁNDO DEJARÁ DE TENER RESFRIADOS?

La respuesta no os gustará… **¡Nunca!**

Los niños suelen tener menos infecciones cuando van creciendo porque su sistema inmune es más maduro, porque ya tienen defensas frente a algunos virus y porque no suelen compartir tanta… saliva con sus compañeros (no se chupan las manos, no comparten objetos personales…).

De hecho, los adultos seguimos padeciendo catarros. Unas veces porque muchos virus no generan inmunidad, es decir, porque no creamos defensas contra ellos y podemos volver a infectarnos. Y otras veces porque se trata de un virus que nunca antes nos había infectado (¡¡¡hay MUCHOS que causan catarros!!!).

Lo sabemos muy bien: a veces empiezan ellos con el resfriado y después… ¡continuamos nosotros!

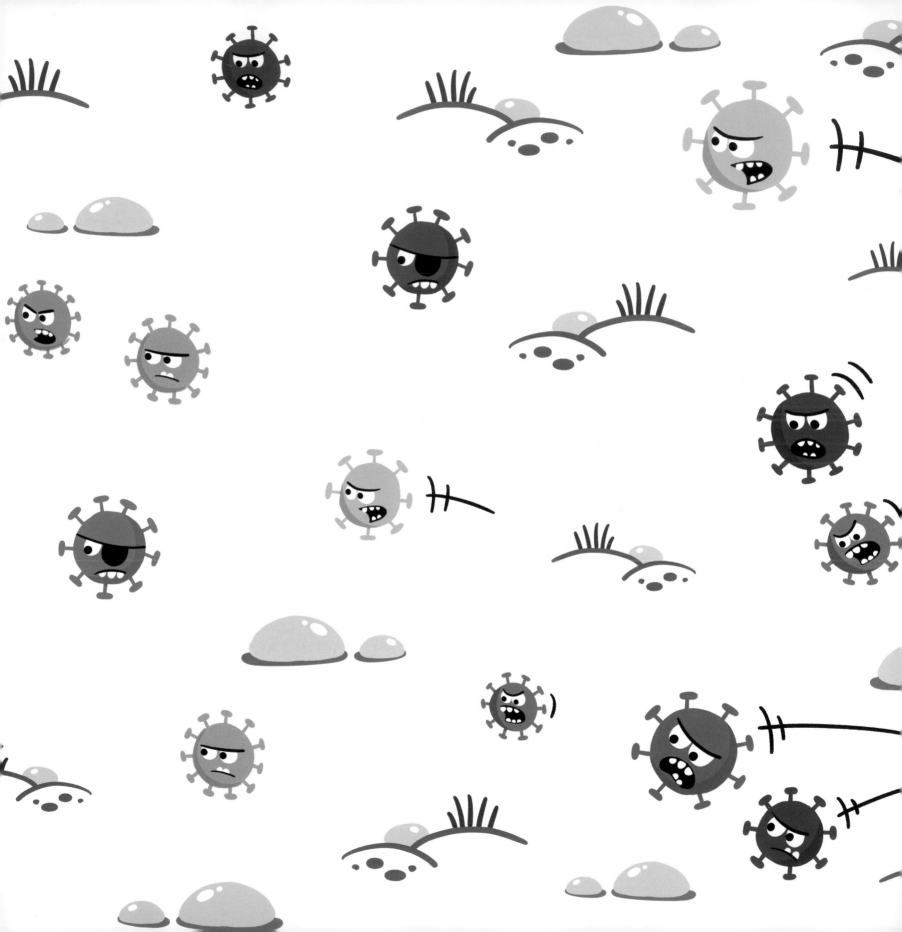